WOLINSKI

IL N'Y A PLUS DE VALEURS !

W0280719

Albin Michel

Du même auteur

aux éditions Albin Michel :

Lettre ouverte à ma femme, *1978.*
J'étais un sale phallocrate, *1979.*
À bas l'amour copain ! *1980.*
Ah, la crise ! *1981.*
Ils vont tout casser ! *1981.*
Junior, *1983.*
Aïe ! *1984.*
Tu m'aimes, *1985.*
Coups de crayon, *1985.*
Les socialos, *1991.*
Elles ne pensent qu'à ça ! *1991.*
Vous en êtes encore là, vous ? *1992.*
Le bal des ringards, *1993.*
Dis-moi que tu m'aimes ! *1993.*
Scoopette, *1994.*
Enfin, des vrais hommes ! *1994.*
Nous sommes en train de nous en sortir, *1995.*

Chez d'autres éditeurs :

Histoires lamentables, *Éditions Hara-Kiri, 1965.*
Carnet de croquis, *Éditions J.-J. Pauvert, 1967.*
Ils ne pensent qu'à ça, *Éditions Denoël, 1967.*
Je ne pense qu'à ça, *I, II, III, Éditions J.-J. Pauvert, 1968.*
Hit Parade, *Éditions Denoël, 1969.*
La vie compliquée de Georges le tueur, *Éditions du Square, 1971.*
C'est pas normal, *Éditions du Square, 1973, Dargaud, 1982.*
Il ne faut pas rêver, *Éditions du Square, 1974, Dargaud, 1982.*
Les Français me font rire, *Éditions du Square, 1975.*
Giscard n'est pas drôle, *Éditions du Square, 1976.*
Cactus Joë, *Éditions du Square, 1977, Dargaud, 1982.*
C'est dur d'être patron, *Éditions du Square, 1978, Dargaud, 1982.*
Paulette *(7 tomes, en collaboration avec Pichard pour les dessins), Éditions du Square, Dargaud, 1983.*
Wolinski à « l'Humanité », *Éditions L'Humanité, 1977-1978.*
Mon corps est à elles, *Éditions du Square, 1979, Dargaud, 1983.*
N'importe quoi, *Éditions J.-J. Pauvert, 1979.*
Wolinski à l'Huma, *Éditions Mazarine, 1980.*
Les pensées, *Éditions Cherche-Midi, 1980.*
Tout est politique, *Éditions Messidor, 1981.*
À gauche toute, *Éditions Messidor, 1982.*
On a gagné ! *Éditions Messidor, 1983.*
On ne connaît pas notre bonheur, *Éditions Dargaud, 1982.*
Le programme de la droite, *Éditions Denoël, 1986.*
Je cohabite, *Éditions Denoël, 1986.*
Gaston la bite, *Éditions Denoël, 1987.*
Bonne Année, *Éditions Denoël, 1987.*
100 % Français, *en collaboration avec Jérôme Duhamel, Éditions Belfond, 1987.*
Tous présidents, *en collaboration avec Faizant et J. Duhamel, Éditions Denoël, 1988.*
Passeport pour l'amour, *en collaboration avec Jérôme Duhamel, Éditions Belfond, 1988.*
Il n'y a plus d'hommes, *Éditions Flammarion, 1990.*
Plus on en parle moins on le fait ! *Éditions Flammarion, 1990.*
Tout va trop vite, *Éditions Flammarion, 1991.*
J'hallucine, *Éditions Flammarion, 1991.*
La morale, *Éditions du Cherche-Midi, 1992.*
Candide, *Éditions du Chêne, 1994.*

Théâtre, en collaboration avec Claude Confortès :

Je ne veux pas mourir idiot, *Éditions J.-J. Pauvert.*
Je ne pense qu'à ça, *Éditions J.-J. Pauvert.*
Le roi des cons, *Éditions J.-J. Pauvert.*

Cinéma :

Le roi des cons
Aldo et Junior
Le Cow-boy
Le Pizzaioio
Elles ne pensent qu'à ça

22, rue Huyghens - 75014 Paris
ISBN 2-226-07948-3

ADONIS

CRASH
BAM BAM BAM
BOUM
FISTON. COMBIEN DE FOIS JE T'AI DIT DE T'ESSUYER LES PIEDS AVANT D'ENTRER!?
OUI MMAN
QU'EST-CE QUE TU VEUX MANGER CE SOIR, FISTON?
UNE FRISÉE AUX LARDONS.
UNE SAUCISSE...
...PURÉE.
BLOUC BLOUC BLOUC
CE QU'IL Y'A DE BIEN. C'EST QU'IL N'EST PAS DIFFICILE!

POURQUOI ELLE NE MARCHE PAS CETTE SALOPE, POURTANT J'AI TOUT FAIT BIEN ?!
J'AI OUVERT LE BAC...
J'AI REMPLI LA MACHINE...
...J'AI PROGRAMMÉ SUR INTENSIF !
AH, ÇA Y EST, SUIS-JE BÊTE !
J'AI OUBLIÉ DE METTRE LE PRODUIT !
TCHAK TCHAK TCHAK

FISTON.
FAUT PAS JETER LES BOUTEILLES DANS LA POUBELLE. FAUT LES METTRE DANS LE CONTAINER
OUI, MAMAN
N'OUBLIE-PAS. C'EST L'ANNIVERSAIRE DE TA MÈRE. AUJOURD'HUI
BO
OH, LE BRAVE PETIT! IL A PENSÉ A L'ANNIVERSAIRE DE SA MAMAN.
BON ANNIVERSAIRE MAMAN

LA UNE
LA DEUX
LA UNE
LA DEUX
ARRÊTE DE ZAPPER, TU ME FATIGUES!
J'HÉSITE ENTRE LES PROGRAMMES.
FINALEMENT, JE VAIS RESTER SUR LA DEUX...
EH, LÀ, TU ES SUR LA TROIS...

BAM
BAM
BAM
EH, TOI DESCENDS DE LÀ!
POLICE
HOP!
BAM
POLICE
BAM
BAM
CRAC
POLICE
POLICE
ALORS PETIT CON, ÇA T'AMUSE DE SAUTER SUR LES AUTOS?
PTOU.

JE VAIS ME LE FAIRE!
DÉCONNE PAS, SA MAMAN VIENT D'ARRIVER...
MON FILS, OÙ IL EST MON FILS?
JE VIENS CHERCHER MON PETIT.
BONJOUR MAMAN
C'EST UNE BÊTE FURIEUSE, VOTRE PETIT. IL M'A CRACHÉ DESSUS. IL A ENDOMMAGÉ DES VÉHICULES.
VOUS N'AVEZ PAS LE DROIT DE LE GARDER. IL EST MINEUR!
IL VA FALLOIR QU'IL SE PRÉSENTE DEVANT LE JUGE.
ET POURQUOI DEVANT LE JUGE?
PAS SEULEMENT LE JUGE! LE PSYCHOLOGUE, LE SOCIOLOGUE, LE PSYCHIATRE. IL EST DANGEREUX. FAUT LE SOIGNER!
MON FILS, C'EST UN ANGE. MAIS IL FAUT SAVOIR LE PRENDRE.
VOUS CROYEZ QU'ON N'A QUE ÇA À FAIRE!
MOI J'AI QUE ÇA À FAIRE. JE SUIS SON SOCIOLOGUE, SON PSYCHIATRE. SA MAMAN, ET SON JUGE.
ALLEZ, EMMENEZ-LE! VOUS RECEVREZ UNE CONVOCATION
AÏE, MAMAN AÏE!
À LA MAISON, TOI. ET CE SOIR, PAS DE TÉLÉ!

VOTRE FILS DOIT SUBIR UN EXAMEN SÉRIEUX.
OUI, MONSIEUR LE JUGE
J'AI QUELQUES QUESTIONS À VOUS POSER. PENDANT CE TEMPS NOTRE PSYCHOLOGUE VA LUI FAIRE PASSER UNE SÉRIE DE TESTS.
OUI MONSIEUR LE JUGE
SUIVEZ-MOI, JEUNE HOMME
REGARDEZ ATTENTIVEMENT CES TACHES. ET DITES-MOI CE QU'ELLES REPRÉSENTENT À VOTRE AVIS?
ALORS, VOUS AVEZ FINI?
PRESQUE...
VOUS ÉLEVEZ SEULE VOTRE FILS?
OUI, MONSIEUR LE JUGE. J'AI PERDU MON MARI DANS UN ACCIDENT D'AUTO.
OUAAAAH!
L'ATTITUDE DE VOTRE FILS NE NOUS FACILITE PAS LES CHOSES. REVENEZ ME VOIR LA SEMAINE PROCHAINE.
JE REFUSE DE M'OCCUPER DE CE VOYOU
FAUT PAS LUI EN VOULOIR. ELLE LUI A FAIT ENVIE.
CE GAMIN EST UN PERVERS. IL FAUT L'ENFERMER.
S'IL FALLAIT ENFERMER TOUS CEUX QUI ONT ENVIE DE SE BRANLER EN REGARDANT VOS FESSES!
OH, MONSIEUR LE JUGE!

TU DIS QUE N'IMPORTE QUEL JEUNE EST RÉCUPÉRABLE. J'EN DOUTE.
J'EN SUIS PERSUADÉ
ILS ONT PERDU TOUT SENS DES VALEURS. ILS NE SAVENT PLUS CE QUI EST BIEN, ET CE QUI EST MAL.
IL N'YA QUE LES FEMMES QUI SAVENT INSTINCTIVEMENT CE QUI EST BIEN, ET CE QUI EST MAL. C'EST LA RAISON POUR LAQUELLE JE NE ME SUIS JAMAIS MARIÉ.
OUI, BON. N'INSISTONS PAS!.. CE MATIN J'AI EU DEUX CAS. LE PREMIER UN JEUNE BEUR. C'EST LA TROISIÈME FOIS QUE JE M'OCCUPE DE LUI. JE LUI DIS: « AHMED, TU TE RENDS COMPTE DE CE QUE TU AS FAIT? LA PETITE VIEILLE, TU L'AS TRAÎNÉE SUR VINGT MÈTRES. TU AURAIS PU LA TUER!
TU SAIS CE QU'IL ME RÉPOND? « MAIS M'SIEUR L'JUGE ELLE AVAIT QU'À LE LÂCHER SON SAC! »
AH AH AH!
ÇA NE LUI VIENT MÊME PAS À L'IDÉE QUE C'ÉTAIT À LUI DE LÂCHER LE SAC!
AHMED FERAIT UN EXCELLENT PATRON
C'EST UNE GÉNÉRATION PERDUE. SANS MORALE!
JE TE PARIE QUE NON. JE TE PARIE QUE JE PRENDS N'IMPORTE QUEL DÉLINQUANT, ET QU'EN SIX MOIS J'EN FAIS UN "FRANÇOIS BAROUIN"
ET SI JE TE PRENAIS AU MOT? UN DÎNER CHEZ ROBUCHON, QUE TU ABANDONNES AU BOUT DE SIX MOIS!..
TENU!
JE SERAIS CURIEUX DE TE VOIR TRANSFORMER "ADO", EN "FRANÇOIS BAROUIN".
ADO?
C'EST MON DEUXIÈME CAS.

ADO VIT AVEC SA MÈRE, "MARIE BASILIC", ET "ZORAH", SA COPINE, COMME IL DIT ! UNE JEUNE BEUR QUI A FUIT SA FAMILLE. ET QUE MARIE A RECUEILLIE.
"ADO," DRÔLE DE NOM !
C'EST LE DIMINUTIF "D'ADONIS". MARIE ADORE ET COUVE SON FILS.
"ADONIS", C'EST SUPERBE !
ATTENDS ! ADO EST UN CASSEUR, UN BOUSILLEUR. IL FRAPPE À COUPS DE PIEDS, ET DE BARRES DE FER SES VICTIMES, IL LEUR FOUT LE FEU ET DANSE AUTOUR DES FLAMMES. ADO REMPLIT LES CIMETIÈRES DE BAGNOLES.
DES BAGNOLES !
IL A ÉTÉ VIRÉ DE PARTOUT. IL SAIT À PEINE LIRE ET ÉCRIRE. À PART CASSER DES AUTOS, SA PRINCIPALE ACTIVITÉ C'EST DE NIQUER ZORAH SOUS L'OEIL ATTENDRI DE MARIE. JE LA SOUPÇONNE D'AILLEURS D'AVOIR RECUEILLI CETTE JEUNE FILLE UNIQUEMENT POUR ÇA !
C'EST UNE FAÇON ASTUCIEUSE DE PROTÉGER SON FILS DU SIDA.
TOUT N'EST PAS MAUVAIS DANS CE GARÇON. IL N'EST PAS BÊTE. IL EST TRÈS GENTIL AVEC SA MÈRE, ET ZORAH. C'EST DANS LA RUE QU'IL DEVIENT UNE BÊTE SAUVAGE. IL A PEU D'AMIS MAIS LES JEUNES DU QUARTIER RESPECTENT SON PROFESSIONNALISME DESTRUCTEUR. PAS PLUS DE DEUX MINUTES POUR TRANSFORMER UNE MERCÈDES, TYPE E, CLIMATISÉE, VOLANT EN CUIR, JANTES EN ALLIAGE, BOISERIES EN RONCE DE NOYER, EN UN TAS DE FERRAILLES FUMANTES.
ET LE PÈRE ? DANS LA NATURE, BIEN SÛR !
LE PÈRE, D'APRÈS MARIE, SERAIT MORT DANS UN ACCIDENT D'AUTO. MARIE PARLE PEU D'ELLE-MÊME. C'EST UNE FEMME QUI NE MANQUE PAS DE CARACTÈRE.

MON FILS, VOUS VOULEZ ME PRENDRE MON FILS. VOUS VOULEZ ME PRENDRE 17 ANS DE MES NUITS, ET DE MES JOURS. 17 ANS DE COQUELUCHES, DE RUBÉOLE, DE CHOCO BN, DE PETITS POTS, ET DE JAMBON-NOUILLES. 17 ANS À NE PENSER QU'À LUI, POUR LUI. À ME BATTRE CONTRE LES PROFS ET LEURS NOTES IMBÉCILES, LES CENSEURS ET LEUR DISCIPLINE IMBÉCILE, LES PROVISEURS ET LEUR JUGEMENT IMBÉCILE. POUR QU'IL PUISSE DORMIR EN PAIX, J'AI CHASSÉ LES MOUCHES, LES MOUSTIQUES, LES MAUVAIS RÊVES, LES AMANTS. QUAND IL A COMMENCÉ À SORTIR AVEC LES FILLES. J'AI EU PEUR. LE SEXE CE N'EST PLUS COMME AVANT LORSQUE J'ÉTAIS JEUNE. LE SEXE, ON L'A DANS LE CUL COMME LA MORT. ALORS J'AI ACCEPTÉ ZORAH À LA MAISON POUR LUI VIDER LES COUILLES. OUI, BIEN SÛR JE N'AI PAS SU EN FAIRE UN INGÉNIEUR, OU UN POSTIER. J'AI PAS SU EXPLOITER SES POSSIBILITÉS. JE N'AVAIS PAS TROP LES MOYENS, MAIS CE N'EST PAS UNE EXCUSE. AU FOND JE LE PRÉFÉRAIS MARGINAL, EXCLU POUR TOUT LE MONDE SAUF POUR MOI. J'AI ÉTÉ ÉGOÏSTE. POURTANT JE SAIS QU'IL A DES TRÉSORS CACHÉS SOUS SA CASQUETTE. JE SAIS QU'IL EST DOUÉ. DOUÉ POUR QUOI, ÇA JE NE SAIS PAS. MAIS IL EST DOUÉ.
PLEURE PAS MAMAN. J'EN AI RIEN À FOUTRE DE CES MECS!
TAIS-TOI, ET SOIT POLI! GRÂCE À MONSIEUR GODE, UN GRAND PROFESSEUR, UN PSY POUR LES CONASSES DES BEAUX QUARTIERS QUI A LA BONTÉ DE BIEN VOULOIR S'OCCUPER DE TOI. TU AS UNE CHANCE UNIQUE DE NE PAS RESTER TOUTE TA VIE UN BRANLEUR, UN RÉCIDIVISTE, ET UN BAISEUR DE MOUKÈRES. ALORS TU VAS FILER DOUX, ET TU VAS FAIRE TOUT CE QU'IL TE DIRA!
PRENEZ-LE! JE VOUS LE DONNE. FAITES-EN UN COSTARD-CRAVATE, AMATEUR D'OPÉRA, ET DE GOLF, QUI AURA HONTE DE SA MÈRE.
MADAME BASILIC, VOUS ÊTES UNE FEMME FORMIDABLE!

JE NE SUIS QU'UNE PAUVRE VEUVE. JE N'AI QUE LUI. JE L'AIME COMME IL EST. COMME IL SERA. ET MÊME COMME IL SERA PAS.
MONSIEUR GODE AIMERAIT VOUS PARLER SEUL À SEULE. MADAME BASILIC.
VA ATTENDRE DANS LE COULOIR. ET FAIS PAS LE CON!
JE VAIS TENTER DE FAIRE DE VOTRE FILS UN GENTLEMAN. CELA NE VA PAS ÊTRE FACILE. J'AI BESOIN DE VOTRE AIDE.
JE FERAIS TOUT POUR LUI.
JE VOUS DEMANDE JUSTEMENT DE NE RIEN FAIRE. VOUS DEVEZ ME JURER QUE VOUS N'ESSAIEREZ PAS DE LE VOIR PENDANT 6 MOIS.
6 MOIS! MÊME EN TAULE ON A DROIT À DES VISITES...
BON, C'EST O.K!
POUR VOUS AIDER À SURMONTER CETTE ÉPREUVE, PERMETTEZ-MOI DE VOUS OFFRIR CE PETIT CHÈQUE...
J'VEUX PAS DE VOTRE ARGENT. PRENEZ MON FILS. MÊME SI VOUS EN FAITES UN "BOURGE", IL RESTERA TOUJOURS MON FILS. ÇA NE S'ACHÈTE PAS, ÇA...
OH, ET PUIS MERDE! JE SUIS BIEN CON! MERCI, ÇA VAUT BIEN ÇA.
OÙ EST PASSÉ ADO?
J'ESPÈRE QU'IL NE S'EST PAS SAUVÉ.
À MON AVIS, IL NOUS ATTEND DANS LA RUE...
MA MASERATI!
BAM BAM BAM!

JE REVIENDRAI BIENTÔT. PLEURE-PAS ZORA ! VIENS DANSER PLUTÔT...
J'SUIS SI REUSEMALHEU. ET PUIS Y'A TROP DE JUNGLE SUR LE DANCE-FLOOR.
OK, J'APPELLE BAT MAN ET JE REVIENS
PAF
PAF
PAF
PAF
PAF
PIF
VIENS, Y'A DU SPACE SUR LE DANCE-FLOOR
SNIF
DEMAIN. J'VAIS M'JETER SOUS LE RER !
ARRÊTE ZORA ! J'AI PAS L'CHOIX. C'EST ÇA OU LA TÔLE...

ALORS, COMMENT ÇA SE PASSE AVEC ADO ?
TRÈS, TRÈS BIEN. IL APPREND À UNE VITESSE PHÉNOMÉNALE. SA MÉMOIRE EST PRODIGIEUSE.
MA FIDÈLE THÉRÈSE S'OCCUPE DE LUI. TU LA CONNAIS. C'EST UN VÉRITABLE DRAGON. JE CROIS QUE JE VAIS ÉCRIRE UN MÉMOIRE SUR CETTE EXPÉRIENCE PASSIONNANTE.
IL NE CHERCHE PAS À VOIR SA MÈRE. NI ZORA ?
NON. IL EST TRÈS CALME. JE LUI AI DEMANDÉ POURQUOI IL CASSAIT LES AUTOS. IL M'A RÉPONDU QU'IL NE SAVAIT PAS. QUE TOUT PETIT DÉJÀ IL BOUSILLAIT À COUPS DE MARTEAU SES AUTOS MINIATURES.
CURIEUX !
POUR LE RÉCOMPENSER, J'AI DÉCIDÉ DE LUI OFFRIR UNE VOITURE ET DE LUI PERMETTRE D'ALLER VOIR SA MÈRE AVEC.
C'EST RISQUÉ, MAIS ÇA PEUT ÊTRE PAYANT !
J'AI L'INTUITION QU'IL POURRAIT Y'AVOIR UNE RELATION ENTRE SON COMPORTEMENT ET LA MORT DE SON PÈRE.
POSSIBLE !
TU DEVRAIS T'INFORMER SUR LES CIRCONSTANCES DE SA MORT.
JE VAIS LE FAIRE. OÙ EST NOTRE JEUNE AMI ? J'AIMERAIS LE VOIR AVANT DE PARTIR.
IL DOIT ÊTRE DEVANT LA CONSOLE DE SON ORDINATEUR. IL ADORE ÇA. TU SAIS. JE CROIS QUE TU VAS PERDRE TON PARI
JE NE DEMANDE PAS MIEUX !
AAAH !
THÉRÈSE !
TU N'AS PAS HONTE. PETIT SALAUD !

OU OU MAMAN! ZORA!
ADO, MON FILS!
PIM POM PIM POM
J'AI APPORTÉ UN GATEAU. ET UN PARFUM POUR ZORA.
COMME TU ES CHIC!
ON DIRAIT UN BANQUIER!
CE PETIT SALAUD A PÉTÉ TOUTES NOS BAGNOLES!..
ET IL VIENT FRIMER AVEC SA DÉCAPOTABLE!
MIAM MIAM! FAUT RECONNAITRE QUE LES GÂTEAUX DES RICHES, SONT MEILLEURS QUE LES GÂTEAUX DES PAUVRES!
ADO, TA VOITURE ?!
CE COUP-CI, C'EST PAS MOI, MONSIEUR GODE. C'EST LES VOISINS!

LYDIA, HENRI, QUELLE JOIE!
MES HOMMAGES, MADAME. BONJOUR MONSIEUR.
CHARMANT!
ADO. MON NEVEU
CHARMANT!
VENEZ DANS MON BUREAU. NOUS AVONS MILLE CHOSES À NOUS DIRE.
VOUS VOUS INTÉRRÉSSEZ À MA 400 GT. UN VRAI BOLIDE. 408 CHEVAUX. ELLE TAPE LES 300 À L'HEURE.
IL EST FOU!
NOUS REPARTONS À NEW YORK. DEMAIN. QUAND VIENS-TU NOUS VOIR?
BIENTÔT
BRAVO ADO..
NON
AU REVOIR, ET PEUTÊTRE À NEW YORK CET AUTOMNE
ON T'ATTEND
CIAO CIAO
VROOM VROOM
OH, NON, QUELLE HORREUR! LA VOITURE DE MES AMIS A PERCUTÉ UN ARBRE. ILS SONT MORTS TOUS LES DEUX.
JE ME SERAIS OCCUPÉ DE LEUR 400 GT. ILS SERAIENT ENCORE VIVANTS!

ALORS C'EST TOI LE FAMEUX ADONIS, DONT ON FÊTE LA RÉDEMPTION?
ON M'APPELLE "ADO"
JE PRÉFÈRE "ADONIS". JE SAIS TOUT DE TOI PARCE QUE J'ADORE ÉCOUTER AUX PORTES
ET TOI QUI ES-TU?
JE SUIS CLAUDIA BACCARA. MES PARENTS SONT TRÈS RICHES. ET MOI, JE SUIS TRÈS INTELLIGENTE. J'AI ÉCRIT À 17 ANS UN ROMAN AUTOBIOGRAPHIQUE OÙ JE RACONTE QUE MA MÈRE EST UNE PUTE DROGUÉE, ET MON PÈRE UN ESCROC. JE SUIS PASSÉE À "EX LIBRIS" J'EN AI VENDU UN PAQUET!
BRAVO!
FRANCHEMENT. JE TE FÉLICITE. ADO EST TRANSFORMÉ. IL A FAIT UN "SANS FAUTE" CE SOIR.
TIENS, CETTE PETITE PESTE DE CLAUDIA BACCARA EST EN TRAIN DE LE DRAGUER
TU VIENS TE PROMENER AVEC MOI DANS LE PARC?
ÇA MARCHE
J'AI ADMIRÉ TON NUMÉRO DE SINGE SAVANT DEVANT LES PARENTS. POUR QUELQU'UN QU'ON A RAMASSÉ DANS UNE POUBELLE TU TE DÉBROUILLES PAS MAL!
QUELLE EXQUISE SOIRÉE, MADEMOISELLE CLAUDIA! QUEL PRIVILÈGE POUR MOI DE POUVOIR CONVERSER AVEC UNE JEUNE FILLE AUSSI DÉLICIEUSE.
J'AI ENVIE DE TOI
ADONIS, TU PEUX TROMPER TOUT LE MONDE SAUF MOI. TU N'AS QU'UN VERNIS. TU SERAS TOUJOURS UN LOUBARD. TU N'ES QU'UN SUJET D'EXPÉRIENCE POUR GODE, ET LE JUGE NE ME TOUCHE PAS. J'AI HORREUR QU'ON ME TOUCHE!
ET EN PLUS, J'AI DÉCIDÉ D'ARRIVER VIERGE À MON MARIAGE.
JE RESPECTE

DÉSHABILLE-TOI!
PARDON?
J'AI ENVIE DE TE VOIR...
TU AS GAGNÉ.
ÇA VA TE COÛTER CHER. MAIS OÙ EST "ADO"?
RESTE TOI-MÊME. NE LES LAISSE PAS TE PRENDRE LA TÊTE. TU NE SERAS JAMAIS UN PETIT MEC. TU ES SAUVAGE. TU ES FOU. TU ES TARÉ. TU ES INDOMPTABLE...
..TU ES BEAU!
JE TÉLÉPHONE TOUT DE SUITE AU MINISTRE DE L'INTÉRIEUR!
C'EST UN SCANDALE!
MA BENTLEY!
CE PETIT CON A TOUT GÂCHÉ!
HÉLAS, J'AI GAGNÉ.

QU'EST-CE QUE VOUS VOULEZ?
MARIE. NOUS VOULONS VOIR VOTRE FILS
IL EST MALADE. IL A LA FIÈVRE. IL DÉLIRE.
MARIE. NOUS ESSAYONS D'ARRANGER LES CHOSES. SI VOUS NE VOULEZ PAS QU'ON METTE L'AFFAIRE ENTRE LES MAINS DE LA POLICE. IL VAUT MIEUX NOUS LAISSER ENTRER.
ENTREZ! MAIS JE VOUS AVAIS PRÉVENUS. MON FILS IL EST... IL EST COMME IL EST!
ADO, TU M'AS DÉÇU. JE TE CROYAIS GUÉRI.
C'EST PAS DE MA FAUTE MONSIEUR GODE. LES AUTOS, ELLES SONT MÉCHANTES!
POURQUOI ELLES SONT MÉCHANTES?
CHUT! C'EST UN SECRET. JE NE DOIS PAS LE DIRE. MAMAN NE VEUT PAS.
MAIS SI! MAMAN VEUT BIEN QUE TU LE DISES. N'EST-CE PAS MARIE? C'EST VIEUX TOUT ÇA. IL SE SENTIRA MIEUX APRÈS.
OUI, MON PETIT. IL FAUT TOUT DIRE À MONSIEUR GODE. IL FAUT PARLER POUR OUBLIER. SINON ON RUMINE. J'AI EU TORT. COMME J'AI EU TORT!
MAMAN. J'AI PEUR TOUT SEUL DANS L'AUTO...
LES MESSIEURS ILS FONT DES VILAINES CHOSES À MAMAN. PAPA N'EST PAS CONTENT...
J'ÉTAIS SI JEUNE!
PAPA N'EST PAS CONTENT. L'AUTO, L'AUTO, ELLE A ÉCRABOUILLÉ PAPA...

MON MARI C'ÉTAIT LE GENRE SÉRIEUX. LORSQU'IL PARTAIT POUR DEUX OU TROIS JOURS AVEC SON CAMION. J'ALLAIS DANSER.
J'ÉTAIS SI JEUNE ! LE GOSSE DORMAIT DANS L'AUTO, ENROULÉ DANS UNE COUVERTURE. UN SOIR, QUATRE TYPES M'ONT SUIVIE JUSQU'À MA VOITURE. ILS SE SONT JETÉS SUR MOI.
MON MARI ÉTAIT RENTRÉ PLUS TÔT QUE PRÉVU. IL ME CHERCHAIT PARTOUT. IL EST ARRIVÉ PENDANT QU'ILS S'AMUSAIENT AVEC MOI.
ILS ÉTAIENT QUATRE. DES VOYOUS ! IL ÉTAIT SEUL. ILS L'ONT MASSACRÉ. ILS ONT DÉMARRÉ. IL A ENCORE VOULU LES ARRÊTER. ILS LUI SONT PASSÉS SUR LE CORPS AVEC LEUR AUTO. IL EST MORT TOUT DE SUITE. LE GOSSE A TOUT VU.
CRAC
JE SUIS RENTRÉE. JE N'AI RIEN DIT. ON A CRU À UN ACCIDENT AVEC UN CHAUFFARD. C'ÉTAIT NOTRE SECRET AU GOSSE ET À MOI...
UN SECRET TROP LOURD POUR LUI, ET POUR VOUS AUSSI, MARIA. VOUS ALLEZ ÊTRE DÉLIVRÉS. ÇA VA ALLER MIEUX MAINTENANT
IL DORT

PARDON, MONSIEUR, LE RAYON DES DISQUES CLASSIQUES?
C'EST AU PREMIER ÉTAGE. MADEMOISELLE CLAUDIA BACCARA.
VIRGIN
TU ES INCROYABLE ADONIS. ON NE S'EST VU QU'UNE FOIS. IL Y'A TROIS ANS ET TU ME RECONNAIS SEULEMENT À MA VOIX.
JE T'AVAIS REPÉRÉE SUR LE CIRCUIT INTÉRIEUR DE TÉLÉ. MAIS C'EST VRAI QUE TA VOIX EST DIFFICILE À OUBLIER. C'EST LE GENRE DE VOIX QUI TE LÈCHE LES... OREILLES. TU VIENS PRENDRE UN CAFÉ?
TU N'AS PAS CHANGÉ. TOUJOURS AUSSI OBSÉDÉ. QUE DEVIENS-TU?
GODE M'A PISTONNÉ. J'AI COMMENCÉ PAR POUSSER DES CHARIOTS. ET PUIS COMME JE SUIS TRÈS DOUÉ. JE SUIS DEVENU CHEF DE RAYON. JE FINIRAI PAR DIRIGER UNE SUCCURSALE À L'ÉTRANGER. MAIS TU SAIS DÉJA TOUT ÇA, JE SUPPOSE QUE TU N'ES PAS VENUE PAR HASARD, TU CHERCHES UN SUJET DE ROMAN?
PEUT-ÊTRE. J'AVAIS ENVIE DE TE REVOIR. À CAUSE DE LA CRISE MES PARENTS NE SONT PLUS TRÈS RICHES. ILS SONT SEULEMENT RICHES.. JE NE SUIS PAS ARRIVÉE À ÉCRIRE UN DEUXIÈME ROMAN. TU SAIS J'AI BEAUCOUP REGRETTÉ CE QUE JE T'AI DIT. CE SOIR LÀ. J'ÉTAIS SI CONNE, SI IMBUE DE MOI MÊME.
TU M'AS AIDÉ PLUS QUE TU NE LE CROIS.
TU ES HEUREUX?
JE VIS. JE M'AMUSE PARFOIS. ES-TU TOUJOURS VIERGE? OU ES-TU MARIÉE?
MAIS TU ROUGIS!
JE NE SUIS PAS MARIÉE... TU VIS TOUJOURS AVEC TA MAMAN ET TA COPINE?
NON. J'AI UN STUDIO. JE PASSE LE WEEK-END AVEC ELLES.
JE TE DONNE MON TÉLÉPHONE. APPELLE-MOI.
ET CESSE DE REGARDER MES FESSES!

DÉLICIEUX VOTRE CAFÉ. MADAME
JE LE MOUDS À LA MAIN SUR UN VIEUX MOULIN C'EST ÇA LE SECRET
MAMAN, ZORA. CLAUDIA ET MOI NOUS AVONS L'INTENTION DE NOUS MARIER.
L'IMPORTANT C'EST TON BONHEUR. MON FILS.
ZORA. ACCEPTES-TU QU'ADONIS ME PRENNE COMME SECONDE FEMME?
NOUS VIVRONS ENSEMBLE. TES ENFANTS SERONT LES MIENS. MES ENFANTS SERONT LES TIENS.
JE PEUX PARLER SEULE AVEC ADO?
TU ES UNE BRAVE FILLE. C'EST GENTIL DE GARDER ZORA. ÇA ME FAISAIT DU SOUCIS.
JE NE SUIS NI BRAVE, NI GENTILLE. NOUS NE SERONS PAS TROP DE DEUX POUR OCCUPER ADONIS. ET PUIS JE N'AI PEUT ÊTRE PAS ENVIE D'AVOIR UN HOMME QUI ME COLLE TOUTES LES NUITS.
BON! VOILA MES CONDITIONS. JE VEUX LES JOURS PAIRS DE LA SEMAINE, ET UN APPARTE POUR RECEVOIR ADO. PLUS TARD, SI ON DEVIENT COPINES, ON POURRA AVOIR DES RELATIONS AMICALES. Y'A PAS D'LÉZARD?
Y'A PAS D'LÉZARD, ZORA.
C'EST VRAI QUE TU ES VIERGE, ET QUE TU N'AIMES PAS QU'ON TE TOUCHE?
JE N'AIME PAS QU'ON ME TOUCHE MAIS JE NE SUIS PLUS VIERGE.

BING
BING
BAM
BAM
FIN
WOLINSKI

IL N'Y A PLUS DE VALEURS !

MON MARI EST TENTÉ PAR UNE JAPONAISE. QU'ONT-ELLES DE PLUS QUE LES FRANÇAISES?
HI! HI!
ELLES SONT TRÈS FIABLES.

SI JE NE REGARDE PAS LA TÉLÉ EN FAISANT L'AMOUR. JE M'ENNUIE À MOURIR.
VOUS NE POURRIEZ PAS BAISSER LE SON?

JE DÉTESTE QU'ON M'EMBRASSE SUR LA BOUCHE.

VOILA MON CV, MAIS À PART CE QUE VOUS PENSEZ, JE SUIS NULLE
ON A BESOIN DE GENS COMME VOUS!

J'AI ENVIE D'UN CÂLIN
ALLEZ DANS LA SALLE D'ATTENTE. ON VA S'OCCUPER DE VOUS.

MAIS QU'EST-CE QUE JE VOUS AI FAIT ?
PAF
RIEN! ESPÈCE D'IMBÉCILE!

EXCUSE-MOI, MAIS JE N'AI PAS BIEN ENTENDU CE QUE TU AS DIT LORSQUE J'AI ÉJACULÉ?
J'AI DIT: «ENFIN!»

MISÉRABLES EN ASIE. BATTUES EN RUSSIE. MUTILÉES EN AFRIQUE. VIOLÉES PARTOUT !..
PARTOUT DANS LE MONDE LES FEMMES SONT OPPRIMÉES, HUMILIÉES, SOUMISES !..
LA SEULE QUI SOIT ÉPANOUIE, DOMINATRICE, INDÉPENDANTE, PERFORMANTE, HEUREUSE, C'EST LA MIENNE !
MON PAUVRE CHÉRI, TU N'AS PAS DE CHANCE !

VITE ! VITE ! VIENS ! JE TE VEUX !
EUH.. EXCUSEZ-MOI ! C'EST RIDICULE, JE NE TROUVE PLUS MON SEXE !

TU AIMES QUE JE TE SUCE ?
GÉNIAL !

DERNIER ACTE

LE MOMENT, C'EST LORSQU'ON A ENVIE
IL VAUT MIEUX QUE JE TE DISE LA VÉRITÉ. TU N'EXISTES PAS.
PAUVRE CON ! C'EST TOUT CE QUE TU AS TROUVÉ ?
LES FEMMES FONT PARFOIS CE DONT J'AI ENVIE. MAIS CELLES QUE J'INVENTE FONT TOUJOURS TOUT CE QUE JE VEUX.
C'EST MOI QUI DÉCIDE DE TA FAÇON D'ARRANGER TES CHEVEUX, DE CROISER TES JAMBES, C'EST MOI QUI DOSE
TON INSOLENCE, ET TON IMPUDEUR.
TU TE PRENDS POUR QUI ?
LORSQUE JE TE DESSINE, JE SUIS DIEU. TU ES MA CRÉATURE. MONTRE-MOI TES SEINS !
NON
JE VOULAIS QUE TU ME DISES "NON" MONTRE-MOI TA CULOTTE !
TIENS. TU ES CONTENT ?
JE VOULAIS QUE TU ME LA MONTRE
JE N'AI PAS BESOIN DE LA RÉALITÉ. DEPUIS QUE JE SUIS ENFANT, JE VIS DANS LE RÊVE. JE ME SUIS TOUJOURS FAIT DES ILLUSIONS. CE QUI EST VRAI M'ENNUIE. IL N'Y A QUE CE QUE J'IMAGINE QUI EXISTE. TOUT CE QUE JE RÊVE DE FAIRE M'EMPÊCHE DE FAIRE CE QUE J'AI ENVIE DE FAIRE.
QU'EST-CE QUE TU AS ENVIE DE FAIRE ?
RIEN ! J'AI ENVIE D'ÊTRE SPECTATEUR AU FOND DE LA SALLE, ET ME REGARDER FAIRE LE CON SUR LA SCÈNE...
WOLINSKI

CE SOIR, J'AI INVITÉ DANS CETTE SALLE TOUTES LES FEMMES QUE J'AI AIMÉES AU COURS DE MA VIE.
GRÂCE À VOUS CETTE PIÈCE DE THÉÂTRE QUE JE NE SUIS JAMAIS ARRIVÉ À ÉCRIRE SE JOUE À BUREAUX FERMÉS.
ARRÊTE!
IL N'Y A PAS DE TEXTE. JE N'AI AUCUNE MÉMOIRE. JE SERAIS INCAPABLE D'APPRENDRE UN TEXTE. PAR CŒUR. JE NE CONNAIS MÊME PAS MA VIE PAR CŒUR.
DEPUIS QUE JE SUIS TOUT PETIT, JE BAIGNE DANS L'ODEUR, LE BRUIT, LES PAROLES, LES RIRES, LA CHALEUR, LES SILENCES, LES COLÈRES, LES PLEURS, LA MAUVAISE FOI, L'AMOUR DES FEMMES.
JE SUIS TRÈS ÉMU. J'AI RENDEZ-VOUS AVEC LES RENDEZ-VOUS, LES RENCONTRES, LES ÉMOTIONS, LES AVENTURES, AVEC VOUS J'AI VÉCU QUELQUES ANNÉES, QUELQUES MOIS, QUELQUES JOURS, QUELQUES INSTANTS DE BONHEUR.
ÇA SUFFIT!
VOUS VOUS ÊTES MISES NUES DEVANT MOI. NOUS NOUS SOMMES CARESSÉS, CÂLINÉS, AIMÉS. J'AI GARDÉ VOTRE PARFUM SUR MES LÈVRES SUR MES DOIGTS...
MÊME SI JE NE SAIS PLUS TRÈS BIEN QUI VOUS ÊTES. JE N'OUBLIERAI JAMAIS LE PLAISIR QUE VOUS M'AVEZ DONNÉ.
NI VIEUX, NI JEUNE, C'EST UN MOMENT DIFFICILE POUR MOI. À L'ÂGE DES BILANS, DES REGRETS, ET DES SOUVENIRS, ON SE DEMANDE SI ON N'A PAS RATÉ SA VIE. ON EST TENTÉ DE SE RÉSIGNER À N'ÊTRE PLUS QUE CE QU'ON EST...
ÇA SUFFIT ENFIN! TU N'AS PAS HONTE?
AH, AH, AH!
CE N'EST PAS TOI QUI DISAIT: « LES FEMMES QUE J'INVENTE FONT TOUJOURS CE QUE JE VEUX? »
VA... VA T'ASSEOIR SUR LE LIT ET FOUS-MOI LA PAIX!
SI TU VEUX
EXCUSEZ-MOI, JE NE SAIS PLUS OÙ J'EN ÉTAIS.
TU DISAIS QUE TU TE RÉSIGNAIS À N'ÊTRE PLUS QUE CE QUE TU ES.
OUI, C'EST ÇA
C'EST ÇA
TU M'AS TROUBLÉ. JE... J'AI PERDU LE FIL.

ET SI TU AVOUAIS LA VÉRITÉ?
QUELLE VÉRITÉ?
QUE TOUT ÇA EST FAUX. QUE TU N'AS INVITÉ PERSONNE. C'EST UN PUBLIC COMME LES AUTRES DANS LA SALLE.
LES FEMMES QUI M'ONT AIMÉ SONT UN PUBLIC COMME LES AUTRES.
FRANCHEMENT, TU CROIS QU'ELLES SERAIENT VENUES? TU CROIS QU'ELLES SE SOUVIENNENT DE TOI?
JE ME SOUVIENS BIEN D'ELLES, MOI!
JE SAIS QU'ELLES SONT LÀ... NICOLE, RENÉE, MARIANNE, JAQUELINE, DOMINIQUE, MARIE-FRANÇOISE, AGATHE, MARIE-CLAIRE, AÏCHA, CATHERINE.. ELLES SONT ASSISES, ATTENDRIES, AMUSÉES, INDULGENTES, RÊVEUSES. ÉLISE, LA PREMIÈRE FILLE QUE J'AI EMBRASSÉE EST LÀ.
C'EST UNE MAMIE AUJOURD'HUI. TON ÉLISE.
TU TE SOUVIENS ÉLISE? TU AS ÉTÉ MON PREMIER AMOUR.
TU L'AS BAISÉE?
TU ES FOLLE! ON AVAIT 15 ANS. C'ÉTAIT LES ANNÉES 50. ON S'EMBRASSAIT, C'EST TOUT. JE LUI CARRESSAIS UN PEU LES SEINS. JE GLISSAIS UN PEU MA MAIN EN HAUT DE SES CUISSES. ELLE AVAIT DE GRANDES JUPES, ET DES CULOTTES EN COTON BLANC.
TU NE LUI AS JAMAIS DEMANDÉ SI ELLE N'AVAIT PAS ENVIE D'ALLER PLUS LOIN?
ON NE PARLAIT PAS DE CES CHOSES-LÀ!
EH, BIEN ON VA LE LUI DEMANDER. ELISE!
ÉLISE, TU ES LÀ?
QU'EST-CE QUE TU FAIS?
LAISSE PARLER LES FEMMES. ON EN A MARRE D'ENTENDRE QUE TOI!
ÉLISE!
JE SUIS LÀ, MADAME
MONTE SUR LA SCÈNE, MA CHÉRIE.
NON, NON, PITIÉ. NE LA LAISSEZ PAS MONTER!

ALORS, ÉLISE, TU TE SOUVIENS DE LUI ?
IL ÉTAIT TOUT MAIGRE, AVEC LES CHEVEUX EN BROSSE. C'EST COMME SI C'ÉTAIT SON PÈRE.
C'EST ELLE
QUAND ON FAISAIT DU VÉLO, TU SOULEVAIS TA JUPE, ET TU T'ASSEYAIS SUR TA CULOTTE. ÇA ME TROUBLAIT.
VOUS ÉTIEZ TIMIDE, MONSIEUR, ROMANTIQUE. ON S'EMBRASSAIT PENDANT DES HEURES. UN JOUR, J'EN AI EU MARRE !
AVAIS-TU ENVIE QU'IL AILLE PLUS LOIN ?
NON... OUI... PEUT-ÊTRE... IL OSAIT RIEN. IL ME TOUCHAIT UN PEU. IL ME LAISSAIT EXCITÉE...
TU AVAIS 15 ANS. J'EN AVAIS 16. ON N'ÉTAIT PAS EN 1995, ON ÉTAIT EN 1950 !
ON AURAIT LE MÊME ÂGE AUJOURD'HUI. JE TE DÉPUCÈLERAIS, ET JE TE FERAIS TOUS LES TRUCS QUE J'AURAIS VU DANS LES FILMS PORNOS. MAIS EN 1950, JE NE SAVAIS RIEN DES FEMMES !
JE NE VOUS REPROCHE RIEN, MONSIEUR.
J'AVAIS PEUR DE TE TOUCHER D'UNE FAÇON TROP INTIME. JE TE RESPECTAIS, ET TOI TU VOULAIS QUE J'AILLE PLUS LOIN. TU N'AS PAS HONTE ?
JE.. JE N'AI PAS DIT ÇA.
MOI QUI TE PRENAIS POUR UNE FILLE SÉRIEUSE ! TU NE VAUX PAS MIEUX QUE LES MINETTES D'AUJOURD'HUI, QUI LISENT DES MAGAZINES OÙ ON EXPLIQUE COMMENT DEVENIR DES PETITES VICIEUSES.
"ATTACHE-MOI ! SODOMISE-MOI ! PARTAGE-MOI ! PISSE-MOI DESSUS ! TU CROIS QUE JE NE SUIS PAS CAP !?
OH !
N'AIE PAS PEUR. IL N'EST PAS MÉCHANT !

FIN

WOLINSKI

IL N'Y A PLUS DE VALEURS !

J'AI DÉCOUVERT QU'ON NE FONDE PAS UNE VIE SUR LE DÉSIR...
ÇA AIDE, TOUT DE MÊME...

CHÉRI, SANS TOI LA VIE NE SERAIT QU'UN LONG FLEUVE TRANQUILLE...
RAME, IDIOTE !
WOLINSKI 94

LES COPINES DE REISER

DEUX HISTOIRES. IL ME LES RACONTAIT PENDANT LES SÉANCES DE RÉDACTION DU JOURNAL CHARLIE-HEBDO. IL LUI ARRIVAIT TOUJOURS DES AVENTURES MARRANTES. C'ÉTAIT IL Y A 20 ANS. PENDANT LES FABULEUSES ANNÉES 70.

L'AMÉRICAINE

COPINE À VENDRE

J'AI DES RETARDS D'IMPÔT. UN DÉCOUVERT À LA BANQUE, UN ARRIÉRÉ À L'URSSAF, UNE NOTE CHEZ LE BOUCHER, UNE ARDOISE CHEZ CASTEL, UN VIEUX PÈRE À CHARGE, UNE...
ÇA SUFFIT! ÇA SUFFIT! DE TOUTE FAÇON J'AIME QUE MA FEMME!
ON VA ENCORE ESSAYER CELUI-LÀ
ACHETER UNE COPINE?! QUE SAIT-ELLE FAIRE?
ELLE SAIT BOUGER, DANSER EN TORTILLANT, RIRE COMME UNE HYÈNE, SECOUER SES CHEVEUX, VOUS REGARDER PAR EN-DESSOUS EN FUMANT UNE CIGARETTE BLONDE, CROISER LES JAMBES EN EXHIBANT LE HAUT DE SES BAS. ELLE SAIT OUVRIR UNE BRAGUETTE D'UNE SEULE MAIN, SUCER RÊVEUSEMENT UNE BITE. ELLE SAIT FERMER LES YEUX EN OUVRANT LES JAMBES. ELLE SAIT PERDRE LA TÊTE, DEVENIR FOLLE, ÊTRE CHIENNE, ET RESTER UNE PETITE FILLE...
ALORS, VOUS L'ACHETEZ?
NON. ELLE EST TROP BIEN POUR MOI. JE SUIS TRÈS CON, TRÈS CHIANT, ET TRÈS DÉSESPÉRÉ. ELLE VA S'EMMERDER AVEC MOI.
TENEZ. C'EST TOUT CE QUE J'AI. PRENEZ-LE!
TU ES VRAIMENT INVENDABLE!
VEUX-TU M'ÉPOUSER?
ÉPOUSER UN SALOPARD CAPABLE DE VENDRE UNE COPINE COMME MOI. TU PEUX CREVER!
WOLINSKI 99

WOLINSKI TESTE VOTRE COPINE

1 ☐ ELLE PART EN CLAQUANT LA PORTE.
2 ☐ ELLE SE MARRE.
3 ☐ ELLE VOUS DONNE UN COUP DE MAIN.

1 ☐ ELLE PART EN CLAQUANT LA PORTE.
2 ☐ ELLE SE MARRE.
3 ☐ ELLE FONCE CHERCHER UNE PLAQUETTE DE BEURRE DANS LE RÉFRIGÉRATEUR.

1 ☐ ELLE PART EN CLAQUANT LA PORTE.
2 ☐ ELLE SE MARRE.
3 ☐ ELLE VOUS REJOINT DANS LE LIT.

1 ☐ ELLE PART EN CLAQUANT LA PORTE.
2 ☐ ELLE SE MARRE.
3 ☐ ELLE SE DÉBROUILLE TOUTE SEULE.

1 ☐ ELLE PART EN CLAQUANT LA PORTE.
2 ☐ ELLE SE MARRE.
3 ☐ ELLE VOUS DIT : « J'EN AI PAS ! ».

1 ☐ ELLE PART EN CLAQUANT LA PORTE.
2 ☐ ELLE SE MARRE.
3 ☐ ELLE VOUS FAIT CACA DESSUS.

PAS PLUS DE 12 : C'EST UNE PETITE SALOPE.
DE 12 À 24 : C'EST UNE SALOPE.
PLUS DE 24 : C'EST UNE GROSSE SALOPE.

1 ☐ ELLE PART EN CLAQUANT LA PORTE.
2 ☐ ELLE SE MARRE.
3 ☐ ELLE FAIT UNE PIPE AU CHAUFFEUR.

1 ☐ ELLE PART EN CLAQUANT LA PORTE.
2 ☐ ELLE SE MARRE.
3 ☐ ELLE REVIENT EN VOUS DISANT: « IL A TOUT FAIT ENTRE DEUX AUTOS »

1 ☐ ELLE PART EN CLAQUANT LA PORTE.
2 ☐ ELLE SE MARRE.
3 ☐ ELLE RENCONTRE PLEIN DE COPAINS ET ELLE VOUS LAISSE TOUT SEUL.

1 ☐ ELLE PART EN CLAQUANT LA PORTE.
2 ☐ ELLE SE MARRE.
3 ☐ ELLE RENVERSE LA CAFETIÈRE.

1 ☐ ELLE PART EN CLAQUANT LA PORTE.
2 ☐ ELLE SE MARRE.
3 ☐ ELLE LUI FAIT LE STRIP-TEASE DES COPINES.

1 ☐ ELLE PART EN CLAQUANT LA PORTE.
2 ☐ ELLE SE MARRE.
3 ☐ ELLE VOUS DIT: « SOIS SAGE JUSQU'À MON RETOUR DE DEAUVILLE ».

J'AI TESTÉ LE NIVEAU INTELLECTUEL DE VOTRE COPINE.

1 ☐ ELLE S'ENDORT PENDANT "LE DÎNER DE CONS".
2 ☐ ELLE S'ENDORT PENDANT "CHANTECLER".
3 ☐ ELLE S'ENDORT PENDANT "ART".

1 ☐ ELLE PLEURE COMME UN VEAU EN REGARDANT: "MURIEL".
2 ☐ ELLE PLEURE COMME UN VEAU EN REGARDANT: "L'ENFANT LION".
3 ☐ ELLE PLEURE COMME UN VEAU EN REGARDANT: "FARINELLI"

1 ☐ ELLE A COMMENCÉ UN LIVRE.
2 ☐ ELLE A PRESQUE FINI UN LIVRE.
3 ☐ ELLE A LU UN LIVRE.

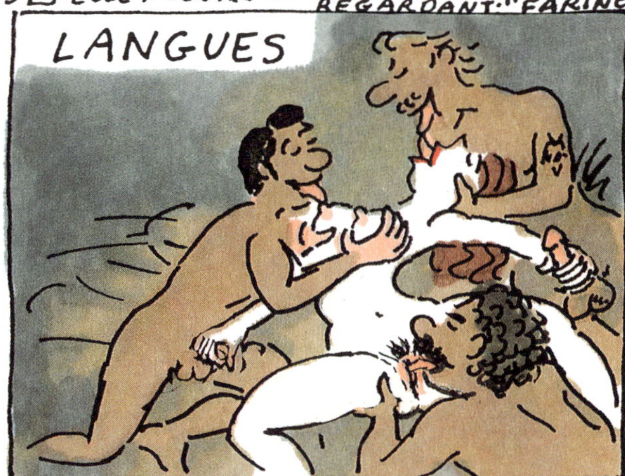

1 ☐ L'ITALIEN LA REND FOLLE.
2 ☐ ELLE ADORE L'ANGLAIS.
3 ☐ ELLE TROUVE QUE LE GREC C'EST UNE BELLE LANGUE.

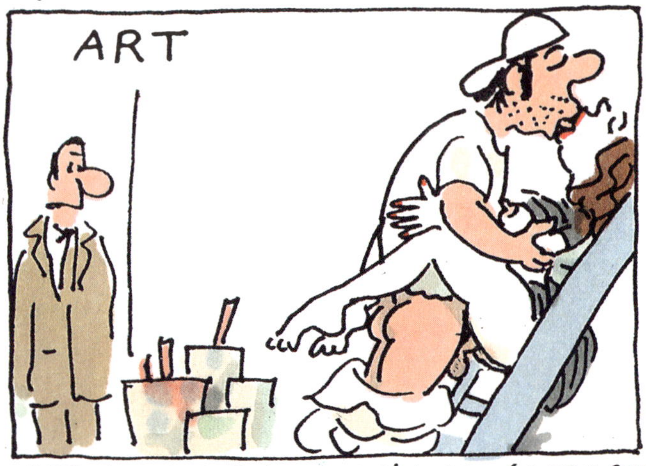

1 ☐ ELLE A FAIT REPEINDRE L'APPARTE.
2 ☐ ELLE AIME L'ODEUR DE LA PEINTURE.
3 ☐ ELLE S'EST TAPÉ LE PEINTRE.

1 ☐ AVEC QUI AIMERAIT-ELLE PASSER UN MOMENT? BALLADUR?
2 ☐ CHIRAC?
3 ☐ MITTERRAND?

PAS PLUS DE 12 : NIVEAU PATRICIA KAAS.
DE 12 À 24 : NIVEAU KAREN CHÉRYL.
PLUS DE 24 : NIVEAU MARTINE AUBRY.

1☐ ELLE FERAIT BIEN UNE PIPE À NAGUI.
2☐ ELLE FERAIT BIEN UNE PIPE AUX NULS.
3☐ ELLE FERAIT BIEN UNE PIPE À PIVOT.

1☐ ELLE AURAIT AIMÉ ÊTRE LA REINE MARGOT ?
2☐ MARIE-ANTOINETTE ?
3☐ MADAME DELORS ?

1☐ LA MEILLEURE MUSIQUE POUR FAIRE UN STRIP-TEASE, C'EST : LA JAVANAISE ?
2☐ METS DE L'HUILE ?
3☐ LE BOLÉRO DE RAVEL ?

1☐ LE MEILLEUR WEEK-END C'EST : À MARRAKECH ?
2☐ À SÉVILLE ?
3☐ À VENISE ?

1☐ ELLE CRACHE COMME UN MEC.
2☐ ELLE SIFFLE COMME UN MEC.
3☐ ELLE DIT DES GROS MOTS COMME UN MEC.

1☐ ELLE SAIT CE QUI EST COOL.
2☐ ELLE SAIT CE QUI EST SUBLIME.
3☐ ELLE SAIT CE QUI EST MORTEL.

ÊTES-VOUS UN BON COUP ?

1 ☐ VOUS LA DÉSHABILLEZ.
2 ☐ C'EST ELLE QUI VOUS DÉSHABILLE.
3 ☐ LE RÉSERVOIR DE LA VESPA EST VIDE. VOUS ALLEZ FAIRE LE PLEIN.

1 ☐ SON PORTE-JARRETELLES.
2 ☐ SES VERRES DE CONTACT.
3 ☐ SON TAMPAX.

1 ☐ VOS RAY-BAN.
2 ☐ VOTRE CRAVATE.
3 ☐ VOS CHAUSSETTES.

1 ☐ NORMAL : 13,5 CM EN ÉRECTION.
2 ☐ ÉNORME : 13,5 CM AU REPOS.
3 ☐ MONSTRUEUX : 13,5 CM DE DIAMÈTRE.

1 ☐ VOUS LA CARESSEZ AVEC VOTRE BROSSE À DENTS.
2 ☐ VOUS LUI ENFONCEZ VOTRE BROSSE À DENTS DANS LE CUL.
3 ☐ VOUS VOUS BROSSEZ LES DENTS.

1 ☐ VOUS VOMISSEZ.
2 ☐ VOUS CHERCHEZ UN DICTIONNAIRE POUR SAVOIR CE QUE C'EST UN CLITORIS.
3 ☐ VOUS CHERCHEZ SON CLITORIS AVEC UNE LAMPE DE POCHE.

PLUS DE 12 : VOUS ÊTES UN COUP D'ENFER.
DE 12 À 24 : VOUS ÊTES UN BON COUP.
PLUS DE 24 : IL Y A UN TAS DE CHOSES À FAIRE DANS LA VIE. MAIS LE SEXE C'EST PAS VOTRE TRUC

1☐ VOUS VOUS ASSEYEZ SUR SON VISAGE.
2☐ VOUS LUI FOURREZ VOTRE BITE DANS LA BOUCHE.
3☐ VOUS INVITEZ LES VOISINS À VENIR BOIRE UN POT.

1☐ VOUS VOUS BRULEZ LES COUILLES.
2☐ VOTRE COPINE BOUFFE LA PIZZA.
3☐ LE LIVREUR DE PIZZAS SE TAPE VOTRE COPINE.

1☐ AVANT PIVOT.
2☐ APRÈS PIVOT.
3☐ PENDANT 6 MINUTES SUR LA 6.

1☐ UN.
2☐ VOUS DITES « EXCUSE-MOI, JE N'AI PAS PU ME RETENIR.
3☐ VOUS LA GIFLEZ, PARCE QU'ELLE RIGOLE.

1☐ VOUS LUI DITES : « TU LA SENS MA GROSSE BITE »
2☐ VOUS LUI FOURREZ VOTRE MEMBRE DANS L'OREILLE.
3☐ VOUS ALLUMEZ "FUN RADIO."

1☐ DANS SA BOUCHE.
2☐ DANS SON NOMBRIL.
3☐ DANS SA POUBELLE.

VOTRE COPINE EN A MARRE !

QUAND JE PENSE À TOUTES CES HEURES PASSÉES À ME MAQUILLER, À ME COIFFER, À M'HABILLER. POUR ME RETROUVER EN TROIS SECONDES, À QUATRE PATTES, LE CUL EN L'AIR, EN TRAIN DE MORDRE LA MOQUETTE. J'EN AI MARRE D'ÊTRE UN BON COUP!
POUR APPRENDRE À MIEUX BAISER J'AI REGARDÉ DES FILMS X. POTASSÉ MES PIPES. PIOCHÉ MES POSITIONS, ÉTUDIÉ LA SODOMIE, REVISÉ LES CRIS D'AMOUR. J'EN AI MARRE D'ÊTRE UNE SALOPE!
J'ÉTAIS PASSIONNÉE, AMOUREUSE, JE FAISAIS SEMBLANT DE JOUIR COMME UNE FOLLE, ALORS QUE JE N'AVAIS QUE DU PLAISIR. J'EN AI MARRE D'ÊTRE UNE MANGEUSE DE SANTÉ!
JE CONTINUERAI À ME PARFUMER. À PORTER DES MINIS, À MONTRER MA CULOTTE, A EXHIBER MES SEINS. À TORTILLER DU CUL. RIEN QUE POUR MOI. J'EN AI MARRE DES VOYEURS!
J'AI ENFIN DÉCOUVERT QUE J'ÉTAIS TROP INTELLIGENTE POUR ÊTRE UNE FEMME. J'EN AI MARRE DES HOMMES!
VEUX-TU M'ÉPOUSER?
TOI, MON PETIT VIEUX, TU AS GAGNÉ LE GROS LOT!
WOLINSKI 95

IL N'Y A PLUS DE VALEURS !

MESDEMOISELLES, NOTRE PARCOURS INITIATIQUE DANS LA NATURE SAUVAGE, JUSQU'À PRÉSENT C'ÉTAIT DE LA RIGOLADE. LES CHOSES SÉRIEUSES COMMENCENT À PARTIR DE CE SOIR...
WOLINSKI

Cet album a été achevé d'imprimer
en septembre 1995
sur les presses de l'imprimerie Pollina
à Luçon
pour la SEFAM

N° d'édition : 14733
N° d'impression : 68349
Dépôt légal : octobre 1995